20系ブルートレインによる「みずほ」はこの時代、東京〜熊本間を結んでいた。九州地区のヘッドマークは表面が球状に湾曲した「お椀形」であったのが特徴。
1965.2.20 西里−植木 P：佐竹保雄

モハ20系8両編成時代の「こだま」。ヘッドマークは文字だけかつ電照式の機能本位のものとなり、次の時代の新幹線ではそのものが消滅した。
1959.2.7 有楽町 P：J.ウォーリー・ヒギンズ
所蔵：名古屋レール・アーカイブス

EF58の試験塗装機の1輌であった31号機の牽く、茶色い客車時代の「はと」。
1956.7.22　小田原　P：J.ウォーリー・ヒギンズ
所蔵：名古屋レール・アーカイブス

上写真の編成最後尾。展望車マイテ58形には電照式のテールマークが掲げられていた。色遣いはヘッドマークとは異なる。
1956.7.22　小田原　P：J.ウォーリー・ヒギンズ
所蔵：名古屋レール・アーカイブス

初の20系ブルートレインとなった「あさかぜ」は九州地区ではC59が牽引。ヘッドマークのデザインは列車廃止まで変わることがなかった。
1959.1.24　八幡
P：J.ウォーリー・ヒギンズ
所蔵：名古屋レール・アーカイブス

20系ブルートレイン「はやぶさ」。博多〜西鹿児島間は身軽な編成で牽引機はC61。
1961.8.22　雑餉隈
P：J.ウォーリー・ヒギンズ
所蔵：名古屋レール・アーカイブス

東北方面初の特急として登場した客車時代の「はつかり」。常磐線内はC62が牽引した。客車時代は短く、このヘッドマークが使われたのは2年余りであった。
1960.2.13　北小金付近
P：J.ウォーリー・ヒギンズ
所蔵：名古屋レール・アーカイブス

157系による準急「日光」。冷房化および塗色の特急色化後の姿で、準急列車としては異例に豪華な設備を誇った。
1963.11.9 田端
P：J.ウォーリー・ヒギンズ
所蔵：名古屋レール・アーカイブス

修学旅行用電車第2弾となった159系は中京地区からの修学旅行用列車として多くの若人の夢を運んだ。
1962.10.20
P：J.ウォーリー・ヒギンズ
所蔵：名古屋レール・アーカイブス

新宿から成田線方面を結んだディーゼル準急「水郷」。準急色のキハ26形が先頭に立っている。房総方面の準急→急行は廃止（または特急格上げ）となる1982年までヘッドマークの掲出を続けていた。
1963.12.15
P：J.ウォーリー・ヒギンズ
所蔵：名古屋レール・アーカイブス

九州特有のお椀型ヘッドマークを誇らしげに掲げて待機する門司機関区の雄C57 11。「かもめ」牽引用に装飾された姿が特急時代の到来を象徴していた。
1954.10.11　P：佐竹保雄

はじめに

　列車愛称板との出会いは、戦前の「燕」、「富士」、「櫻」、「鷗」のテールマークを付けた特急列車のかっこいい写真を見たのが最初である。戦後は1949（昭和24）年9月15日から運転された国鉄史上に残る唯一の行灯式テールマーク付き急行列車「銀河」（東京～大阪間）を京都駅に見に行き、手帳に図案を写している。

　私たち兄弟がマーク付き列車を最初に撮影したのは1950（昭和25）年1月15日上り「つばめ」のマイテ39で、山科でのことであった。この時はまだC62にはヘッドマークは取り付けられていなかったと思う。この前、1949（昭和24）年9月15日に戦後初めて東京～大阪間に運転された特急「へいわ」を、1949（昭和24）年12月31日に山科で撮影

しようと思っていながら、何らかの事情のため撮影できなかったことは返す返すも残念に思う（翌1950年1月1日から「へいわ」は「つばめ」と改称された）。その後、山科、京都駅などで「つばめ」「はと」のC62や展望車を撮影、手元にある密着写真の裏に書いてある撮影年月日でヘッドマークが確認できるのは1951（昭和26）年6月15日、京都駅に進入してくるC62 30「つばめ」からである。1953（昭和28）年7月には新しいカメラを買い鉄道の写真を本格的に撮影することになり、国鉄の機関車、電車、客車、気動車とマーク付き列車を集中的に撮影した。

　マークはまずマーク付き機関車、客車、気動車を正面からとマークをアップで撮影する。その上

でマーク付き列車を列車として撮影することを原則としてきた。最初は国鉄のマークを全部撮影しようと思って始めたが、昭和30年代半ば頃からマーク付きの列車がどんどん増えてきて、全国的にいつからいつまでどのようなマークを付けていた列車があるかを調査することは、まず不可能であると思った。私も1968（昭和43）年頃まで東に西に努力して撮影してきたが、とうていできるものではなかった（本書に紹介していないものが100種類以上ある）。

　マーク付き列車の撮影は遠くから撮影するとマークが見えないので、なるべく線路の近くで撮影することにしていた。また、気動車列車には後部にマークが付いていない列車が時々あり、これにはガッカリした。また、マークが機関区や駅（東京駅、両国駅など）のホームに何枚か重ねて置いてある時があり、こういう時は1枚1枚アップでじっくり撮影することができた。また、ある機関区では種類の違うマークを同じ機関車に別々に付けて撮影したなど、楽しい思い出もある。

　私たち兄弟が年賀状を写真にしたのは1958（昭和33）年からであったが、それより前、1955（昭和30）年の年賀状はC51牽引の快速「いずも」のヘッドマークを年賀はがきに描き、1枚1枚色鉛筆で着色したものだった。いまさら振り返っても、この当時から私たち兄弟の列車愛称板に対する思い入れは一方ならぬものだったのである。

米子港を横目に、堂々たるヘッドマークを掲げて快走する702列車急行「いずも」。先頭に立つのは福知山区のC57 152。
1956.5.15　米子—清水寺

国鉄列車愛称板の変遷

解説：三宅 俊彦

ヘッドマーク、テールマークといった列車愛称板に関しては、その華やかさとは裏腹に不明点も少なくない。佐竹氏ご兄弟の膨大な記録をひも解く前に、まずはその誕生と歩みを振り返ってみよう。

列車愛称と愛称板の起源

第1次世界大戦後、昭和初期の日本は大不況にみまわれ、街には32万人におよぶ失業者があふれていた。このため当時の国鉄（鉄道省）を利用する旅客は激減し、貨物の動きも停滞していた。

この当時、すでに外国では「ゴールデン・アロー」や「20世紀リミテッド」などの著名な特急列車があってその人気を誇っていた。しかし日本では、明治時代に北海道炭礦鉄道や関西鉄道の蒸気機関車に愛称が命名された例があるものの、いまだ列車にはなかった。そこで鉄道省でも外国の鉄道の例に倣って列車を一般に広く親しんでもらおうと、1929（昭和4）年8月に愛称を一般公募することにした。その結果、応募総数は5,583票におよび、いかに関心を引いているかを裏付ける結果となった。この際の1位から10位までの順位と票数は次の通りである。

①富士　1007
②燕　　882
③櫻　　834
④旭　　576
⑤隼　　495
⑥鳩　　371
⑦大和　366
⑧鷗　　266
⑨千鳥　232
⑩疾風　219

審査委員会ではこれをさらに絞り込み、「富士」「櫻」「日の出」「旭」の中から選ぶことになった。1929年9月15日、全国的なダイヤ改正を機会に、応募の結果を参考にして、東京―下関間1・2等特急1・2列車を1位の「富士」、東京―下関間3等特急3・4列車を3位の「櫻」と命名することとなった。これは初めての特急列車の愛称として我が国を代表する山と花の名前がふさわしいとの判断からであった。

戦前の超特急「燕」。列車名は漢字だがテールマークの表記は平仮名である。戦前の愛称付列車にヘッドマークは装着されていない。　所蔵：鉄道博物館

特徴的な山型のテールマークを掲げた戦前期の「富士」。ローマ字表記が"HUZI"と表示されていた時期もあった。　　　所蔵：鉄道博物館

これ以外では鳥の名が多く入っている。また軍国時代らしい応募も多く、今日ではとても選ばれそうもないようなものが入っているのも特徴と言える。

1929（昭和4）年11月7日、「富士」「櫻」のトレインマークが制定され、同年12月1日より列車の最後部に付けられた。これがシンボルマークの嚆矢である。ちなみに、シンボルマークを付けるようにしたのはアメリカの大陸横断鉄道の特急列車を真似たものである。このテールマークは鉄製であったが、「富士」はおおよそタテ580、ヨコ650ミリの鉄板に1等の白と2等の青をイメージして富士山を形どり、「櫻」は直径800ミリの円形に3等の赤をあしらったデザインで、いずれも客車の帯や乗車券の色とマッチさせたすぐれた演出であった。「富士」の方は後に電球を入れたアンドン式に改良されている。

翌1930（昭和5）年10月1日、東京ー神戸間に超特急が誕生した。愛称は前年の公募の際2位となった、スピード感あふれる「燕」が選ばれた。この「燕」、列車種別はあくまでも特急列車であるが、"超"を付けたのは新設列車のPR効果をねらったものであろう。ただ、反面財政難の時期でもあり、この列車にふさわしい新形式の車輛の投入はなかったのは残念であった。

やや間をおいて1937（昭和12）年7月1日、東京ー神戸間に「燕」の逆スジに「鷗」が誕生した。これで「富士」「櫻」「燕」「鷗」の4つの愛称が揃ったことになるが、戦前の特別急行列車の愛称はこれですべてで、これ以外の普通急行列車が命名されることはなかった。

一方1933（昭和8）年12月20日、阪和電鉄から紀勢西線に直通する阪和天王寺ー紀伊田辺間に「黒潮」の運転が開始された。現在の阪和線から紀勢本線への典型的なレジャー列車で、天王寺発は土曜日、紀伊田辺発は日曜日であり、後には白浜口（現：白浜）へ延長された。まもなく南海難波始発も加わった。この他、信越本線の夏の避暑客用の臨時列車として「高原」、房総方面の海水浴用の臨時列車には「うしお」の名も見える。

第2次世界大戦が始まり、最初は有利な展開であったものの、華やかな時代はわずかで、次第に泥沼の戦局となっていった。これにともない、旅客列車よりも貨物列車優先のダイヤとなり、戦前の名列車も相次いで消えていった。そんな中で1942（昭和17）年11月15日、関門トンネルの開通により特急「富士」が長崎まで延長されたことは、わずかに明るい話題であったが、それもつかの間、翌年には「鷗」「燕」が廃止となり、「富

士」も博多打ち切りとなった。その「富士」も1944(昭和19)年4月には廃止となり、これによって戦前の愛称付き列車の幕はすべて降ろされてしまった。

列車愛称の設定の仕方

　戦後、1949(昭和24)年9月15日の時刻改正で、東京－大阪間に5年ぶりに特急列車が復活することとなった。時期尚早との意見もあったが、NHKの街頭録音では国鉄の営業局長が「家のお子さんでも、お兄さん、お姉さんから学校へお上げになるでしょう。私どもでも、まず東海道から特急を走らせてサービスをよくし、順次ローカル線にも及ぼしていきます」と答え大喝采を浴びる。また愛称は「燕」が有力であったが、当時の加賀山之雄副総裁(後：総裁)の発案でとりあえず「へいわ」と命名された。同時に東京－大阪間に急行「銀河」が新設された。

　特急「へいわ」の愛称にはさっそく賛否両論があり、いずれ公募すべきだという声があった。そこで国鉄ではこの愛称を一般から公募したところ、実に15万8,600通の応募があり、その中から1,501通の最高得票を得た「つばめ」と決定し、1950(昭和25)年1月1日から特急「へいわ」は「つばめ」と改称された。特急「へいわ」はわずか3ヶ月あまりで消えてしまったわけであ

▲マイテ49の後部に掲げられた「はと」の愛称板。　1957.11.6　宮原
▶宮原区のC62 30に牽かれて山科の大カーブを力走する2列車上り「つばめ」。「へいわ」を改称して復活を遂げた「つばめ」には初めて機関車に愛称を記したヘッドマークが取り付けられた。1955.5.22　京都一山科

る。

　1950(昭和25)年5月11日には東京—大阪間に特急「はと」が新設され、「つばめ」の姉妹列車となった。なお、この年10月1日に時刻大改正が実施され、「つばめ」「はと」の所要時間が9時間から8時間に短縮され、ようやく戦前のスピードの水準に復した。

　この改正から1ヶ月後の1950年11月2日、国鉄本庁営業局が通達（営旅第648号）を出し、「10月の時刻改訂によって国鉄のスピードも輸送力も、ほぼ戦前の水準に復帰したのを機会に、旅客の便宜をはかり、列車に対する一般の親愛感を高め、且つ宣伝効果をあげるため……」ということで、「つばめ」「はと」のほか、この日付で後から述べる鉄道公報の通り下記の愛称が国鉄本庁で命名された。さらに「他の急行及び準急列車については、地方でそれぞれ懸賞などの方法によって公募されたい。」と通達は続く。

　鉄道公報第413号　昭和25年11月7日付では、
●急行列車の愛称名について（営業局）
「昭和25年11月8日次に掲げる急行列車にそれぞれ下記のように列車の愛称名を附けたから、取扱いに注意されたい。」旨の通達がされた。

列車番号	区　　間	列車名
11・12レ	東京—大阪間	明星
15・16レ	東京—大阪間	彗星
31・32レ	東京—熊本間	阿蘇
33・34レ	東京—鹿児島間	霧島
35・36レ	東京—長崎間	雲仙
37・38レ	東京—博多間	筑紫
39・40レ	東京—広島間	安芸
101・102レ	上野—仙台間	青葉
201・202レ	上野—青森間	みちのく
203・204レ	上野—青森間	北斗
501・502レ	大阪—青森間	日本海
601・602レ	大阪—上野間	北陸

　これ以前、東京から伊豆方面への準急「あまぎ」「いでゆ」「はつしま」が相次いで誕生していたが、これらは国鉄本庁ではなく東京鉄道管理局で公募し選定したもので、そのまま生かされた。ところが東京—広島間

"瀬野八"を越える上り「かもめ」の後部補機にも瀬野機関区特製の愛称板が掲げられた。受け持ち区間を昼間通過する唯一の特急だっただけに力の入れ

「つばめ」に続いて東京〜大阪間の特急として復活を遂げた「さくら」。こちらも平仮名表記となり新意匠の愛称板を掲出した。写真はC59 110〔名〕の牽く3001レ。　1955.5.14　草津—石山

ようが窺い知れる。　'58.4.8 D52 133（6レ）　瀬野—八本松

の急行列車は1950年5月11日の運転開始の際に広島鉄道管理局が公募し、「ひばり」と命名していたが、今回の国鉄本庁の方針で「安芸」と改称して全国的な統一を図った。「ひばり」が特急列車用のため改称したものと思われる。

それでは当時、国鉄では列車愛称名をどのような基準で命名していたのだろうか。

●特急列車：抽象的な名称、日本を代表するような鳥、花
●昼行急行：旧国名、地方名、著名な観光地・山・川
●夜行急行：天体名

さらに1950年12月20日、上野—秋田間急行401・402列車が「鳥海」と名付けられた。

1951（昭和26）年4月1日には東京—大阪間に臨時特急「さくら」が設定された。1952（昭和27）年9月1日には「せと」が宇高航路を介して東京—宇野間の急行と、高松桟橋—宇和島間の準急に命名された。これは同じ愛称が異なる地域で使用される最初の例となった。

1953（昭和28）年3月15日には、京都—博多間に特急「かもめ」の運転が始まった。山陽路の特急列車は約9年ぶりであり、愛称も戦前の漢字書きからかな書きとして復活させたものである。上り列車の広島—八本松間にはD52形の補機を連結したが、この補機の後部にもトレインマークが取り付けられた。まさに特急の貫録で、トレインマークが全盛期を迎える象徴とも言える出来事であった。

愛称板の制作・取り付けの仕方

話は戻るが、戦前の特急列車はバックサインのみで、機関車先頭のヘッドマークは掲出していなかった。

戦後復活最初の特急列車である「へいわ」の展望車に掲出のバックサインは直径800ミリで、平和のシンボルである鳩と"HEIWA"の文字をデザインしたものであった。続く特急「つばめ」「はと」もほぼ同じサイズで、国鉄臨時車両設計事務所勤務の故・黒岩保美氏がデザインしたものから、戦前のマークのイメージを再現するようなものが選ばれた。

ヘッドマークの方は1950年10月1日改正からしばらくして、大阪鉄道管理局の運転部と旅客課の発案で特急列車のPRとイメージアップを図って実現した。直径660ミリの着脱式ヘッドマークが高速で動揺が激しい機関車に取り付けられたのは初めてで、慎重を期してこれまで例がなかったのである。東海道本線の電化区間は東京―浜松間であるので、浜松―大阪間のC62形蒸気機関車の先頭にヘッドマークが初めて付けられた。これまで発表された写真では本島三郎著『鉄道』（1962年12月、鉄道図書刊行会発行）に所載の写真番号：120、伊吹山麓を上るC62が牽く2レ「つばめ」（1951年3月同氏撮影）が一番古いようである。当初は宮原機関区持ちで、以後名古屋・浜松機関区のC62形にも取り付けられている。

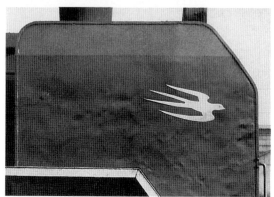

▲C62のデフレクターに取り付けられたステンレス製の「つばめ」の装飾。上はお馴染みの宮原機関区所属の2号機、下は名古屋機関区所属の18号機のデフレクターに取り付けられた"さがりつばめ"。
上（2号機）1954.5.12 宮原　下（18号機）1954.8.12 名古屋

1953（昭和28）年以降、愛称板の掲出は地方局管理の準急列車にまで急速に普及した。C58 11 〔和〕の準急「くまの」。　1955.6.25　和歌山

やや遅れて当時の電化区間である東京―浜松間を牽引するEF57形電気機関車にも1952年10月頃から、ヘッドマークが付けられた。『EF57ものがたり』（1978年3月、交友社発行）の4～5頁に所載の根府川の橋梁で撮影されたEF57形牽引の3レ「はと」（1952年、萩原政男氏撮影）が一番古いようである。直径800ミリの大型のものであった。

これにより列車最後部の展望車のトレインマークと合わせて、2往復の特急列車のイメージアップが図られた。また宮原機関区所属のC62 2のデフレクターにステンレス板の"つばめ"マークが取り付けられたのは1951（昭和26）年頃と言われている。

EF58形にヘッドマークが取り付けられたのはEF57形と同じ時期からであるから旧型のデッキ付きの時で、やはり直径800ミリの大型のものであった。1953（昭和28）年7月に浜松―名古屋間の電化が完成し、本格的にEF58形（新）にヘッドマークが取り付けられるようになった。1955（昭和30）年に米原までの電化が進み、同年12月から直径660ミリのマークで登場するようになる。

デッキ付旧ボディのEF58 29〔浜〕が先頭に立つ3列車下り「はと」。旧ボディのEF58がヘッドマークを掲げた姿は極めて珍しい。 1952.10.17 東京

EF52 2〔鳳〕が掲げる準急「くろしお」の愛称板。1954.11.13 天王寺

準急「しなの」のテールマーク。なぜか漢字である。1954.8.25 松本

昭和30年代の列車名の特徴

　準急列車は各管理局で列車名を命名、トレインマークの取り付けを検討していたので、局により差があるようだ。1953 (昭和28) ～1954年にかけて続々誕生している。名古屋―長野間準急「しなの」、上野―長野間「白樺」、新宿―松本間準急「白馬」、高松―宇和島・高知間準急「せと」「南風」、天王寺―新宮間準急「くまの」などである。

　都市間連絡でも、大阪―浜田間に急行「いずも」が設定されている。岡山―松江間 (伯備線経由) の快速「だいせん」、広島―米子間の快速「ちどり」などは蒸気機関車が牽引する一般客車使用列車で、スピードの点で準急列車とせずサービス列車 (快速) としている。急行「いずも」の大阪―浜田間は1954 (昭和29) 年5月21日から直通するが、出雲今市 (現：出雲市) ―浜田間は快速列車として運転されていた。また快速「だいせん」は1958 (昭和33) 年10月1日改正で、京都―大社間急行「おき」に格上げされている。

　一方1950 (昭和25) 年以降、敗戦の痛手から脱却してレジャーにも行く余裕が少しずつではあるが生まれてきた。当時土曜日は官公庁・企業とも最低でも午前中は仕事があるため、下り土曜日午後発、上り日曜日午後発に設定する臨時列車が多かった。レジャーも少なく、年間を通して温泉、夏の海水浴および登山、冬のスキーが主なものであった。温泉地を往復する列車は〝湯〟をイメージさせるもの、他は圧倒的に地名が即列車名になっている。

　温泉関係では東京―伊東間準急「はつしま」、東京―伊東・修善寺間準急「いでゆ」「いづ」、大阪―金沢間準急「ゆのくに」、博多―別府間 (久大本線経由) 快速「ゆのか」、上野―石打・長野原間快速「ゆけむり」、天王寺―白浜口間準急「はまゆう」「くろしお」などである。名古屋―高山間快速「のりくら」は夏は登山、冬は温泉と両用に利用された列車である。「のりくら」は1956年からは準急列車として運転されている。

6列車「せと」。矩形のテールマークを掲げている。1955.8.5 北宇和島

奇抜なデザインの「のとつばめ」の愛称板。つばめが周囲に飛び出している（下巻参照）。C58 151〔七〕の牽く3024レ。　1957.8.4　金沢付近

　中でも秀逸なのは金沢―輪島間快速「のとつばめ」であろう。特急「つばめ」のように能登半島の海水浴場に便利で速く行けるイメージで集客ＰＲを図ったわけである。トレインマークには特急「つばめ」と同じつばめがデザインされており、ヘッドマークにいたっては七尾機関区お手製のマーク円周からつばめが飛び出している異色のものであった。

ヘッドマークとテールマーク

　国鉄部内の規程では、「鉄道掲示基準規程」に列車名票の種類や掲示の方法が段階的に規程されている。「鉄道掲示基準規程」（昭和48年９月29日　旅達第78号）より関係する条文を抜粋すると次の通りである。
（鉄道掲示の種類）
第３条　鉄道掲示は、次の各号に掲げる掲示標により行うものとする。
（３）旅客車案内標
　旅客車の各種設備その他の案内等をするために、その内外に提出するもの
（掲示標の種類等）
第７条　掲示標（業務ポスター及び誘致ポスターを除く。）の種目、種類、記載事項、提出場所、大きさ等については、次の各号に定めるところによる。

（３）旅客車案内標は、別表第３に定めるとおりとする。
別表第３（第７条）旅客車案内標
（種目）
１．車外に提出するもの
（１）ヘッドマーク
１　提出場所
　特別急行列車の最前部及び最後部。ただし、鉄道管理局長等が必要と認めた場合は、その他の列車についても提出することができる。
　２　大きさ・形状及び着色
　適宜
（２）列車名票
　　ア　特別急行列車用
　　イ　普通急行列車用
　　ウ　その他
１　提出場所
基準駅反対寄りの車両側面列車名標さし
　２　大きさ
　横 24.3mm　縦 14.3mm
　３　文字の配列　略
　４　提出方　略
（３）列車種別標
　　ア　特別急行列車用
　　イ　普通急行列車用

ウ その他
1 提出場所
　基準駅寄りの車両側面列車名標さし
2 大きさ
　横24.3mm　縦14.3mm
3 文字の配列　略
4 提出方　略
5 その他　略
(4) 行先標
ア 前面用
1 提出場所
　列車正面中央部
　列車正面右上部又は列車正面上部
2 大きさ及び着色
　横48.0mm　縦60.7mm
　着色は、運転系統又は行先により適宜とする。
3 その他　略
イ 側面用
　第1種　列車名標及び指定席標を併用するもの（さしこみ式）
　第2種　普通急行列車で一部区間快速又は普通となるもの（さしこみ式）
　第3種　一般用
　第4種　新幹線用（字幕式）
　第5種　固定編成用（字幕式）

　これによりヘッドマークについては、特別急行列車については本社が取扱い、列車名標の設計やデザインは臨時車両設計事務所の担当で進めている。これ以外の急行列車等は各鉄道管理局長が必要と認めた場合に提出するもので、そのすべてを関係する課が手配を決めることになる。

■

　それではいよいよ佐竹氏ご兄弟が膨大な努力を傾注して記録した列車愛称板の数々をご紹介してみよう。

■参考文献
1)「トレンマークをつけた列車一覧表(国鉄)」鉄道ピクトリアルNo.52 (1955年11月号) p.26〜28
2) 田崎乃武雄「急行列車の愛称」鉄道ピクトリアルNo.92 (1959年3月号) p.19〜21
3) 黒岩保美「特急マーク半世紀」鉄道ジャーナルNo.101 (1975年8月号) p.74〜79
4)「鉄道掲示基準規程」(昭和48年9月29日　旅達第78号)　国鉄旅客局
5) 鉄道ファン編集部編『EF58形ものがたり　下』(交友社　1989年1月発行) p.247〜249

各種の祝賀行事にちなんだ特製の愛称板も多数誕生している。写真は西明石〜姫路間電化開業記念の5列車「かもめ」。　　　1958.4.10　京都駅西方

昭和30年代の列車愛称板　そのバラエティー

あさぎり

準急
1959.5.1〜1980.10.1
門司一天ヶ瀬
（日田線経由）
キハ55系

1959.7.30　門司

1959.7.30　門司

あらお

快速（臨時）
仙台一小牛田一
鳴子（現：鳴子温泉）
キハ17系

1954.10.23　小牛田

1954.10.23　小牛田

阿波

準急
1959.3.22〜
1988.4.10
高松一徳島
キハ55系→キハ58系

1960.9.26　高松

アルプス

急行
1960.4.25〜2002.12.1
新宿一松本
キハ55系→キハ58系

1960.10.23　新宿

〔凡　例〕
- 記載データは主として1955（昭和30）年〜1964（昭和39）年を主体とした。
- 列車名（愛称）、列車種別はこの期間に変更があった場合のみ解説を加え、他の期間については省略した。
- 運転区間は運転開始当初またはこの期間の代表的な区間とした。
- 車輌は運転開始当初、またはこの期間に主に使用したものを掲げた。
- 標準化された字幕式のもの、153系等の規格型愛称板については割愛した。

（解説：三宅俊彦）

東海道本線全線電化完成とともに1956(昭和31)年11月に誕生した特急「あさかぜ」。1960(昭和35)年にEF30が登場するまでのわずかな期間、関門越えは門司機関区のEF10の手に委ねられていた。下関―門司間のひと駅区間ながら、律儀にも九州タイプのお碗型ヘッドマークが掲げられていた。　1957.5.3　門司（7レ）

あさかぜ

特急
1956.11.19〜
東京―博多
一般客車→20系客車（1958.10.1）

東海道本線全線電化完成に伴い誕生。東京―京都間はEF58、京都―広島、広島―下関間はC62形が牽引した。本州内は梅小路、広島第二、下関機関区が受け持ち、門司―博多間は門司港機関区のC59形が牽引する。当初は一般客車で、オハニ36形やマロネフ29形にバックサインを提出し、異彩を放った。1958年10月1日改正で20系客車に置替え。

九州島内の蒸気機関車用。特有のお碗型である。1958.4.1　博多

C59 57〔港〕に牽かれて博多を目指す7列車「あさかぜ」。まだ一般客車が充当されていた時代である。　1958.2.29　遠賀川―海老津

深夜1時20分、京都駅に停車する下り「あさかぜ」(7レ)。最後部のマロネフ29 101の行灯式愛称板が煌煌と光る。　　1956.11.20

EF58、EF10用。左頁の九州島内蒸機用と比べると文字下の線が1本多い。　1957.5.3　下関

一般客車用の行灯式テールマーク。
　　　　　　　　1957.3.29　東京

ローマ字が併記されるようになったヘッドマーク。　　　　1966.10.9　宇部—小野田

1958.1.4 東京

1958.1.4 東京

1957.1.12 東京

1956.11.10 東京

「湘南特急」表記の愛称板を掲げた80系の準急「いづ」。平仮名表記はなぜか「いず」ではなく「いづ」だった。　1958.1.4 東京

伊豆・いづ

準急　　　　　　　　　準急
1958.3.15～1964.10.1　1954.2.12～1968.10.1
東京―伊東・修善寺　　東京―伊東
80系→153系　　　　　　80系→153系

いでゆ

1958.1.4 東京

1957.1.12 東京

1958.1.4 東京

準急（不定期）
1959.4.13～1965.10.1
東京―伊東
80系→153系

おくいづ

1956.11.10 東京

1958.1.4 東京

円形の大きな愛称板を掲げたクハ86の準急「伊吹」(3410レ)。　　　　　　　　　　　　　　　　　　　　　　　1958.2.16　京都—山科

▼1960.11.12　宮原

伊吹　準急
1959.9.22〜1964.10.1
名古屋—大阪—神戸
80系→153系

いよ　準急
1956.11.19〜1989.7.22
高松桟橋—宇和島
一般客車→キハ55系(1960.2.15)→キハ58系

1957.3.23　伊予・西条

奥久慈　準急
1958.11.29〜1985.3.14
上野—水戸—矢祭山
キハ55系→キハ58系

おくたま　快速(臨時)
新宿—氷川(現：奥多摩)
モハ73系→101系

▲1958.10.5　宮原

1959.1.4　矢祭山

1960.10.23　新宿

1954.5.12 宮原

いずも

準急→急行（1951.11.25急行に格上げ、
1951.12.1「いずも」と命名）
1947.6.29～1956.11.19（「出雲」と改称）
大阪―福知山線経由―大社
（1951.11.25東京―大社間に変更）
一般客車

当初は大阪―大社間の準急であったが、1951年11月25日から東京―大社間に延長、東京―大阪間は急行「せと」に併結して東京へ直通するようになる。出雲今市（現・出雲市）～浜田間の快速を併結していた。米子鉄道管理局ではこの列車に格別の力を入れ、牽引するC51・C57にヘッドマークを取り付けた。

秀逸なデザインのヘッドマークを掲げたC 57 87〔福〕。　　1953.7.25　福知山

▲C51 198〔米〕の牽く835列車快速「いずも」。出雲今市（現・出雲市）〜浜田間は快速扱いであった。　1955.7.27　出雲今市付近

▶C51用のヘッドマーク。　1954.10.12　浜田
▼出雲市〜浜田間は米子機関区のC51が先頭に立つ。福知山区のものとはデザインが異なる。
　1954.10.11　C51 122〔米〕　浜田

かもめ

特急
1953.3.15〜1961.10.1（キハ80系に置替え）
京都―博多
スハ44系客車→一般客車（1957.6.5）

山陽路のクイーンとして力が入れられ、C59・C62形はもちろん、下関―門司間わずか1駅牽引のEF10にもヘッドマークを掲出した他、上り広島―瀬野間の補機として後押しするD52形にもテンダーにバックサインが提出された。もちろん、客車のスハニ35・スハフ43形にはバックサインがついていた。

広島第二区のC59 32のキャブに付けられたかもめマーク。1954.10.9

瀬野機関区のD52 216のキャブに付けられたかもめマーク。広島〜安芸中野間の高速区間に対応するため広島工場完修車が充当された。
1954.10.8

◀ 広島第一機関区のC62 33が牽引する5列車下り「かもめ」。「かもめ」のヘッドマークは担当区所によってことごとくデザインが異なっている。
1955.3.11　五日市―廿日市

門司港機関区用。1957.5.3 下関

瀬野機関区用。1954.10.8 瀬野

下関機関区用。1954.10.9 広島第二機関区

梅小路機関区蒸気機関車用。

梅小路機関区EF58用。

広島第二機関区用。1954.10.9

30

下関機関区の「かもめ」ヘッドマークは翼のはみ出したデザインが特徴であった。　　　1955.3.21　6レ　厚狭―小野田

お碗型の九州タイプのヘッドマークを掲げたEF10 22〔門〕牽引の「かもめ」(5レ)。　　　1955.7.28　下関

C 62 40〔梅〕。　　　　　　1956.11.2　梅小路機関区

C 57 10〔港〕。　　　　　　1954.10.11　門司港

C 59 10〔梅〕。　　　　　　1953.9.27　梅小路機関区

C 59 20〔広二〕。　　　　　1954.5.2　広島第二機関区

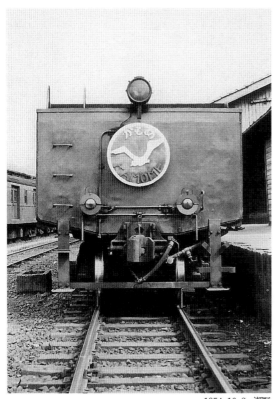

1954.10.8 瀬野

EF10 22〔門〕。　　　　　　　　　　1955.3.19 下関

1954.4.21 京都

EF10 23〔門〕。　　　　　　　　　　1954.10.11 門司

C 59 99〔関〕。　　　　　　　　　　1954.10.9　広島第二機関区

C 62 13〔広二〕。　　　　　　　　　1954.5.2　広島第二機関区

C 59 132〔関〕。　　　　　　　　　　1957.5.3　下関

EF58 90〔宮〕。西明石～姫路間電化記念。　　1958.4.10　京都

11号機に準じて装飾を施されたC57 65〔港〕が牽く6列車上り「かもめ」。　　　1955.3.19　折尾―遠賀川

「かもめ」牽引用に装飾された門司港機関区の看板機C57 11。1956（昭和31）年にはC59にその任を譲った。　　　1954.10.11　門司港

◀▲スハフ42 5のテールマーク。　　　　　　1954.4.21　京都（5レ）
◀（左下）姫路電化記念マーク。右は姫路城である。1958.4.10　京都

1960〜1967年の夏に運転された両国〜館山間の海水浴臨（一般型客車）快速「かもめ」。　　　　　　　1960.10.22　両国

きのくに

準急
1958.12.1〜1985.3.14
白浜口（現：白浜）―天王寺
キハ55系→キハ58系

1958.12.1　天王寺

「くろしお」のヘッドマークを掲げて阪和をゆくEF52 1〔鳳〕。「はまゆう」(82頁参照) もEF52の牽引であった。　　　1955.6.25　紀伊中ノ島

紀勢本線を一周する準急「くまの」。小さなマークを掲げて先頭に立つのは紀伊田辺区のC58 28。　　　1958.8.17　三輪崎—新宮 (107レ)

黒潮・くろしお

準急（不定期）
（1956.11.19「黒潮」を「くろしお」に変更）1954.10.1～1964.10.1
白浜口（現：白浜）ー天王寺・難波
一般客車

電化区間は阪和線東和歌山（現：和歌山）ー天王寺間、牽引するEF52形にヘッドマークが取り付けられた。南海電鉄でも難波から直通するため自前の客車を新製した。

1954.11.13 天王寺

クハ155-5を先頭に東京を目指す修学旅行列車「きぼう」3114T。　1960.4.24 京都ー山科

1959.3.19
京都

きぼう 急行（修学旅行）
1959.4.20～1971.10.16
品川ー神戸
155系

紀州 急行
1961.3.1～1985.3.14
名古屋ー新宮ー天王寺
キハ55系→キハ58系

くまの 準急
1956.11.19～1961.10.1
名古屋ー新宮ー天王寺・和歌山市
一般客車

1955.6.25 和歌山

キハ55の904D急行「紀州」。　1961.10.1 天王寺

京葉 準急
1959.7.1～1962.10.1
両国ー銚子・安房鴨川・館山
キハ55系→キハ58系

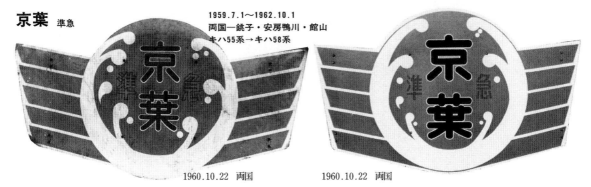

1960.10.22 両国　　　1960.10.22 両国

くりこま 準急

1960.6.1～1982.11.15
仙台―盛岡
キハ55系→キハ58系

1960.10.27 盛岡

手書き紙貼りの「こだま」。安保阻止統一行動の影響で車輌運用がつかず「つばめ」表示の上に紙に書いた「こだま」を貼っている。　'60.6.22 京都（102T、クロ151）

こだま 特急

1958.11.1～1964.10.1／東京―大阪―神戸／151系

▲「くりこま」運転開始記念愛称板。1960.10.27 盛岡

153系代走による「こだま」愛称板。1960.5.22 宮原▲

1964（昭和39）年5月7日から5月30日まで157系によって代走された「こだま」。　　1964.5.7 山科（第2「こだま」）

39

さくら

特急（臨時→1957.10.1不定期）
1951.4.1～1958.10.1
東京―大阪
一般客車→スハ44系客車（1957.7.20）

特急
1959.7.20～
東京―長崎
20系

宮原機関区C59用。　　　　　　　　　　　　　　　　　1955.5.5　宮原

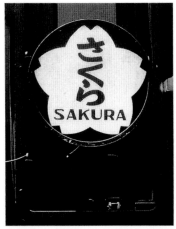
客車用テールマーク。　　1955.5.5　宮原

宮原機関区EF58用。　　1957.11.1　宮原

東京機関区EF58用。　　　　　　　　1960.10.22　品川

九州島内蒸気機関車用。　1959.8.3　博多

C57 174〔鳥〕の率く誕生間もない20系の「さくら」。博多〜長崎間は鳥栖機関区のC57が牽引した。　　1959.8.3　肥前山口—肥前白石（5レ）

「つばめ」「はと」を補完する東京〜大阪間の臨時特急として運転されていたスハ43系時代の「さくら」。　　1955.4.11　京都—山科

さちかぜ

特急
1957.10.1～1958.10.1
(「平和」に変更)
東京―長崎
一般客車

わずか1年間のみに終わった「さちかぜ」のテールマーク。　　　1958.3.30　長崎

九州島内蒸気機関車用。　1958.4.1　博多

EF58 102〔東〕の牽く「さちかぜ」。「あさかぜ」と紛らわしいこともあって「平和」に改称された。　　　1958.1.3　真鶴―湯河原

さざなみ・さざ波
快速（臨時）

1960.10.22　両国

1960.10.22　両国

自然科学
70系ほか

1960.10.23　新宿

気動車急行として再スタートを切るキハ55系の「しなの」801D。　1959.12.13　名古屋

信濃
準急（時刻表では「しなの」）
1953.11.11～1959.12.13
名古屋―長野
一般客車

しなの
急行
1959.12.13～1968.10.1
名古屋―長野
キハ55系→キハ58系

1959.12.13　名古屋

客車時代のテールマーク。　1954.8.25　松本

十国
準急（不定期）
1957.10.1～1961.10.1
東京―熱海
80系→153系

1958.1.4　東京

1958.1.10　東京

せと
準急
1950.10.1～1968.10.1
高松桟橋―松山
一般客車

四国最初の準急列車として牽引するC58形にヘッドマークが取り付けられたほか、客車にバックサインも提出された。バックサインは時期により矩形のものも存在した。

蒸気機関車（C58）用。　　　　1961.8.3　多度津

客車用テールマーク。　　1960.9.26　高松

水郷
準急
1962.10.1～1966.3.5
新宿―佐原―小見川
キハ58系

湘南
東京―平塚
80系

1956.11.9　東京

1960.10.22　両国

▲8列車準急「せと」。
1957.1.25 浅海―伊予北条

C 58 255〔多〕の牽引する「せと」。テールマークは矩形のものから円形のものへと変遷を遂げている。
1955.8.3 多度津

◀客車用初期テールマーク。1955.8.6 高松

そうま 準急
1960.4.1～1978.10.2
水戸―仙台
キハ55系

1960.10.29 仙台

オハニ61を最後尾に去ってゆく916列車快速「だいせん」。かなり大ぶりのテールマークである。
1955.9.26 新見付近

1955.9.24 岡山

1955.9.24 岡山

だいせん
快速→急行（1958.10.1格上げ）
1953.3.15～1968.10.1
岡山―松江（急行、京都―岡山―大社）
一般客車

◀1960.10.23 新宿　▲1960.5.31 梅田
▶1960.10.1 神戸

大菩薩
快速（臨時）

たから
コンテナ特急
1959.11.5～
汐留ー梅田
チキ5000形

たじま
準急
1960.10.1～1961.10.1
大阪ー鳥取（播但線経由）
キハ55系

たるまえ
準急（不定期）
1958.10.1～1961.10.1
虻田（現：洞爺）ー札幌ー小樽（千歳線経由）
一般客車

C57 118〔築〕の牽く3205列車快速「たるまえ」。
1957.9.8 沼ノ端ー植苗

客車用テールマーク。　1957.8.26 小樽

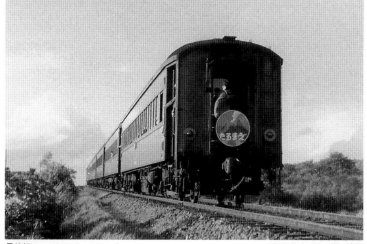

最後部スハフ32のテールマーク。　　1957.9.8 沼ノ端ー植苗

蒸気機関車（C57）用。1956.9.9 虻田

◀1958.1.4 東京　　　　　　　▲1958.1.4 東京

たちばな
準急（不定期）
1956.11.19〜1961.10.1
東京―伊東・修善寺
80系→153系

1960.4 京都　　　　　　1960.4 京都

丹後
準急
1959.9.22〜1996.3.16
京都―天橋立・東舞鶴
キハ55系→キハ58系

中禅寺
準急（不定期）
1959.9.22〜1968.10.1
新宿―日光
157系

丹波
準急
1960.6.1〜1986.11.1
大阪―城崎（福知山線経由）
キハ55系→キハ58系

1960.8.7 福知山

1960.10.23 新宿

ちよだ号
準急（臨時）
1959.4.10および1959.4.12
東京―伊東
151系

1959.4.12 伊東　　田町電車区クハ26003を先頭にした新婚旅行列車「ちよだ」。　　1959.4.12 伊東付近

47

C 56 110〔木〕の率く311列車快速「ちどり」。陽陰連絡の看板列車だけ
に牽引するC 56にも立派なヘッドマークが用意された。後ろに続くのは
オハ35＋オロハ30＋オハフ33。　　　　　1958.4.9　矢道─加茂中

ちどり

快速
1953.11.11～1959.4.20
(準急格上げ、キハ55系に置替え)
米子一広島(木次線・芸備線経由)
一般客車

準急
1959.4.20～2002.3.23
米子一広島(木次線・芸備線経由)
キハ55系

山陽・山陰を結ぶ快速列車として牽引機にヘッドマーク、そして客車にもバックサインが取り付けられた。木次線はC56、芸備線はC58が牽引。準急に格上げされ、気動車化されてからは独特の形状の電照式ヘッドマークが取り付けられた。

木次機関区C56用のヘッドマーク。　　1955.7.27　木次機関区

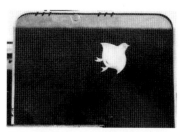

C56 111のデフレクターに取り付けられた「ちどり」マーク。　1954.8.15　米子

「ちどり」のヘッドマークを掲げたC56 111〔木〕。　1954.8.15　米子

芸備線内用マークを付けたC58 257〔十〕。　1954.5.2　広島

出雲坂根でキハ02と交換する605D準急「ちどり」。キハ55 21+キロハ18 4+キハ55 13の編成である。　　　　1959.4.26　出雲坂根

三次(備後十日市)機関区C58用。
　　　　　　　　　　1954.5.3　広島

気動車初の行灯式となったキハ55系「ちどり」
のヘッドマーク。　　　1959.4.26　木次

客車用テールマーク。1955.7.22　米子

51

C56 110〔木〕の牽く312列車快速「ちどり」が遙か広島を目指して去ってゆく。中国山地を越えて実に6時間近い道のりである。ささやかな編成ながら、最後部のオハフ33に掲げられたテールマークがこの列車の重要度を物語っている。
1958.4.9　宍道—加茂中

金鉄局管内にはユニークな愛称板が多かった。「のとつばめ」と並んで異彩を放っていたのが準急「ゆのくに」のC57用ヘッドマークであった。C57 143〔金〕。
1957.8.4 金沢 P：佐竹保雄

名古屋機関区C62用。1957.11.1 宮原

客車用テールマーク。1954.5.12 宮原

宮原機関区C62用。名古屋区のものと比べて「つ」の字に角があるのが特徴。　1957.11.1 宮原

つばめ　特急

（1949.9.15運転開始の特急「平和」を改称）
1950.1.1～1960.6.1（151系に置替え）
東京－大阪
一般客車→スハ44系客車（1951.10.1）

◀米原区で待機するC62 2〔宮〕の「つばめ」。2号機はつばめ専用機と思われがちだが、宮原区所属機のうちでは、1号機と2号機が「つばめ」に充当される確率が最も少なかったという。逆に「つばめ」牽引の仕業に就く率が高かったのは30・35・36・41・42号機たちであった。
　　　　　　　　　　　1955.12.5 米原

▶堂々たる「つばめ」マークを掲げたマイテ39 11。桃山式の豪華な装飾を誇るマイテ39 11は、「つばめ」の前身「平和」の運転開始に際して大井工場で復元整備した戦前期を代表する1等展望車であった。　　1954.5.12 宮原

雪の山科を驀進する上り2列車「つばめ」。先頭に立つのはランボードの白線も鮮やかな宮原区のエースC62 41。 1954.1.26 山科―京都

"さがりつばめ" C62 18〔名〕の牽く1列車下り「つばめ」。1955年8月の米原電化完成まで「つばめ」の下りは名古屋機関区、上りは宮原機関区のC62がその重責を負っていた。米原電化後は宮原区が2列車→1列車の運用を独占する。
1955.5.14　草津―石山

▶東海道本線全線電化完成時の記念「つばめ」マーク。宮原区の受け持つ上り2列車と東京区の受け持つ下り1列車とが互いに意匠を凝らしたヘッドマークを掲げて競い合った。EF58 89〔宮〕。
1956.11.19　京都

2列車上り「つばめ」を牽くEF57 7〔浜〕。　1952.10.14　沼津

EF57 1〔浜〕が掲げる「つばめ」マーク。　1952.11.4　浜松

電気機関車（EF57）用ヘッドマーク。　1955.4.4　東京機関区

▲▶東京機関区のEF58 57が牽く下り東海道電化完成祝賀列車「つばめ」。(上)1956.11.19 京都／(右)1956.11.19 京都西方

◀電化完成から10日、茶塗りのEF58 99〔宮〕が掲げる「つばめ」マーク。1956.11.28 京都

▶宮原機関区EF58用。1956.11.28 京都

▲「つばめ」専用色に塗られたEF58 89〔宮〕。電化完成後初めて迎える冬に備えてスノウプラウが装着されている。 1956.12.12 京都

◀▲東海道本線全線電化を控えて東京—大阪間で運転された特急試運転列車のヘッドマーク。よくよく見るとEF57用の「つばめ」マークを塗りつぶしてリサイクルしている。　　　　　　　　　　1956.10.20　京都

東海道本線全線電化開通記念の「つばめ」マーク（東京機関区）。
　　　　　　　　　　　　　　　　　　　　1956.11.19　京都

153系代走時に掲げられたヘッドマーク。　　1960.11.12　宮原

「第2つばめ」による広島電化開通祝賀列車。レギュラーのマークの周囲に派手な装飾を施している。　　　　　　　　　　　　　　　　1962.6.10　広島

61

東京機関区のEF58 57が牽く1列車下り「つばめ」。ヘッドマークは2羽のつばめが飛ぶEF57時代より小振りなものとなっている。
1957.1.9 湯河原—熱海

さながら軍配のような形状の「天竜」用ヘッドマーク。
80系電車用。1958.5.18 中部天竜

天竜 準急
名古屋ー豊橋ー辰野（飯田線経由）
80系

東海 準急／1955.7.20〜1996.3.16
東京ー名古屋
（1957.10.1から東京ー名古屋ー大垣）
一般客車→80系（1957.10.1）→153系（1958.11.1）

80系電車用。
1958.9.21 東京

80系電車用。左と比べると微妙に
字体が異なる。1958.9.21 東京

相模湾沿いを快走する305列車準急「東海」。　　　　　　　　　　　　　　　　　　　　　　1958.9.21 根府川ー早川

ときわ 準急

1958.6.1～1965.3.14
上野—平
キハ55系→キハ58系

▶407列車準急「ときわ」。キハ55 12ほか。
　　　　　　1958.8.24　羽島—岩間

気動車用。　　　　　　　　1960.9.26　多度津

左と字体が異なる気動車用。　　　1958.8.24　平

土佐 準急

1959.9.22～1990.11.21
高松—高知—窪川
キハ55系→キハ58系

十和田 急行（臨時）

青森—秋田（奥羽本線経由）臨時延長
一般客車

なぎさ 快速（夏季臨時）

1960.7～1962.8.12
両国—館山
一般客車

気動車用。1960.9.26　多度津

気動車用。1957.8.20　秋田

客車用。1960.10.22　両国

なすの 準急（不定期）

1959.9.22～1985.3.14
上野—黒磯
157系

157系電車用。1960.10.24　日光

立派なテールマークを掲げたスハニ61を最後部に去ってゆく105列車準急「南風」。1955.8.3 多度津付近

南風 準急

1950.10.1～1968.10.1
高松桟橋―高知―須崎
一般客車

客車用。1960.9.27 高松

日光 準急

1956.10.10～1959.9.22／上野―日光／キハ55系
1956.9.22～1982.11.15／東京―日光／157系

客車用。1957.1.26 高知

気動車用。1958.2.28 尾久

157系電車用。　　　　　　1960.10.24 日光

のりくら・乗鞍

快速（臨時）
名古屋－岐阜－高山
一般客車

C58用。1954.8.11　岐阜

C58用。1954.8.11　岐阜

大振りなヘッドマークを掲げたC58 109〔山〕。　　　　　　　　　　　　　　1954.8.11　岐阜

高山付近を行く6012列車「のりくら」。同時期に漢字と平仮名のヘッドマークが存在した珍しい例である。C58 216〔山〕。　　　1955.7.21

のとじ 準急

1960.4.1～1964.10.1
(「能登路」に変更)
金沢ー輪島
キハ52・キハ25形

気動車用。1960.11.4 金沢

のとつばめ 快速（臨時）

金沢ー和倉（現：和倉温泉）
一般客車

七尾機関区手製のマークはつばめが飛び出す前代未聞の奇抜なもの。C58 159〔七〕。1957.8.4 七尾

▶1957.8.4 金沢
▼気動車用。1960.11.4 金沢

客車用。1954.8.28 津幡

客車用。1955.7.20 金沢

68

C58 151〔七〕の牽く3024列車「のとつばめ」。ヘッドマークのみならず、満員のオハフ33には立派なテールマークも掲げられている。
1957.8.4　金沢付近

オハ31 58を最後部にした「のとつばめ」。17m級客車の時代には三日月型をした独特のテールマークが用いられていた。
1955.7.20　金沢

はくつる 特急

1964.10.1〜2002.12.1
上野―青森
20系客車→583系（1968.10.1）

1966.10.3 尾久

▲EF58 148〔東〕の牽く4列車「はくつる」。「はくつる」は運転開始当初から20系客車が充当されていた。　　　　1964.11.30 黒磯

▶鳥類を除くと動物の愛称名は極めて珍しい。"因幡の素兎"に因んで命名された京都〜松江間の準急「はくと」の先頭に立つC57 58〔福〕。愛称板の図柄は出雲神話どおりに白兎が海を渡っているところ。　　　　1957.3.20 梅小路

直流区間の受け持ちは1年で東京区から宇都宮区に変わった。EF58 64〔宇〕。　　　　1966.10.3 尾久

電車化までの4年間のみ福島一区のED71が黒磯〜仙台間を受け持った。ED71 43〔福一〕。　　　　1964.11.30 黒磯

はくと　準急→急行（1961.10.1格上げ）

1956.11.19～1986.11.1
京都ー松江（1957.12.1から京都ー米子）
京都・大阪ー松江（1961.10.1）
一般客車→キハ58系（1961.10.1）

▲C57 85〔福〕が牽く806列車準急「はくと」。
　　　　　　　　　　1957.3.18　亀岡ー馬堀
▶気動車化された初日の801列車急行「はくと」。マークは小さくなったが、図案は継承されている。　　　1961.10.1　嵯峨ー花園

はつかり　特急

1958.10.10～1960.12.10
（キハ80系に置替え）
上野ー青森（常磐線経由）
スハ44系客車

C62 19〔尾〕の牽く2列車上り「はつかり」。　　　　　　1959.1.4　水戸ー赤塚

尾久機関区C62用。1959.1.4　水戸

上り「はつかり」を牽く仙台機関区のC61 8。「はつかり」は上野～仙台間を尾久機関区のC62、仙台～青森間を仙台区のC61が受け持ち、盛岡からは盛岡区のC60が補機に付いた。
1959.1.5　花巻－二枚橋

2列車上り「はつかり」のしんがりを務めるスハフ43 2の行灯式テールマーク。　　1959.1.4　水戸－赤塚

73

はと 特急

1950.5.11〜1960.6.1
東京ー大阪
一般客車→スハ44系客車（1951.10.1）

「つばめ」の陰に隠れ地味な存在であったが、利用は多かった。編成は展望車を除き「つばめ」と同じ。客車の受け持ちが「つばめ」の宮原に対し、「はと」は品川区の受け持ちで、江戸前のサービスを身上としていた。1957年10月からは宮原区の受け持ちに変更となる。

宮原機関区用。1957.11.1 宮原

宮原機関区用。1957.11.1 宮原

細身の「はと」を掲げるC62 35〔宮〕。　　1954.11.21 宮原

太った「はと」を掲げるEF58 100〔宮〕。　　1956.11.16 米原

EF57時代の図柄の「はと」はかなりリアルに描かれている。EF57 1〔浜〕。　　　浜松（P：芝間政司）

宮原機関区EF58用。1956.11.21　宮原

東京機関区EF58用。1955.4.4　東京機関区　　　宮原機関区EF58用。1956.11.21　宮原

上り「はと」(4レ)を牽くC62 30〔宮〕。 1954.1.26 山科—京都

EF58 97〔宮〕。　　　　　　　　　　1956.11.21　宮原

EF58 95〔宮〕。　　　　　　　　　　1956.11.26　京都

４列車上り「はと」を牽くEF58 58〔宮〕。　　　　　　　　　　　　　　　　　　　　　　　　　　1956.12.10　山科—京都

4列車上り「はと」の最後部マイテ49 2。東シナの「はと」用展望車はマイテ58 1・2、マイテ49 2という陣容であった。　　1954.11.4　山科―大津

「はと」のテールマークを揚げたマイテ58 2。
1953.7.26　宮原

宮原区客車用。1956.11.21　宮原

行灯式のテールマークは直径800mmの大型のものであった。　　1955.11.21　宮原

79

はやぶさ 特急

1958.10.1～1960.7.20（20系客車に置替え、東京－西鹿児島間に変更）
東京－鹿児島
一般客車

東京機関区EF58用。1959.1.9　品川

客車用。1959.1.9　東京

お碗型の九州タイプのヘッドマークを掲げるED72 21〔門〕。　　1963.10.23　遠賀川－海老津（5レ）

9列車下り「はやぶさ」を牽くC62 25〔関〕。姫路〜下関間は下関区と広島一区のC62が受け持っていた。　　　1959.7.30　四辻-小郡

上の列車の最後部を務めるナハフ11 2には行灯式のテールマークが掲げられている。　　　1959.7.30　四辻-小郡

気動車用。
　　1959.8.19

1959.8.19　盛岡

はやちね　準急

1959.7.1〜1961.9.15
盛岡ー花巻ー釜石（釜石線経由）
キハ55系

八甲田　準急

1959.7.1〜1961.9.15
盛岡ー青森ー大鰐
キハ55系

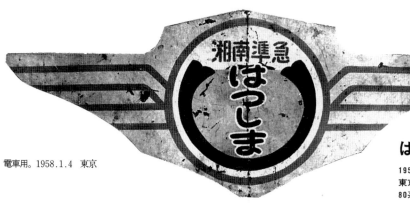

電車用。1958.1.4　東京

はつしま　準急（不定期）

1956.11.19〜1968.10.1
東京ー伊東
80系→153系

はまゆう　準急（臨時）

1954.11.6〜1962.3.1
（キハ55系に置替え）
白浜口（現：白浜）ー天王寺
一般客車

EF52 1〔鳳〕。　　1959.11.15　天王寺

C 58 11〔和〕。　　1955.6.25　和歌山

1955.6.25　和歌山

1959.12.13 名古屋

比叡 準急（1957.11.15命名）

1952.9.1～1996.3.16
名古屋－大阪（1957.10.1から名古屋－大阪－神戸）
一般客車→80系（1957.10.1）→153系

クハ96020を先頭にした「比叡3号」（406レ）。
1959.5.30 山科－京都

気動車用。1959.8.3 博多

ひかり 急行（1958.8.1準急格下げ）

1958.4.25～1964.10.1
（「くさせんり」と改称）
博多－小倉－別府／キハ55系

706列車準急「ひかり」。キハ55 22ほか。
1959.8.1

C58用。1955.3.15 熊本

火の山 快速

1954.10.1～1960.3.10
（準急格上げ、キハ55系に置替え）
熊本－別府（豊肥本線経由）／一般客車

C58 350〔大〕の牽く709列車快速「火の山」。
1955.3.15 宮地－波野

83

気動車用。1958.3.15 富山

ひだ 準急
1958.3.1〜1968.10.1
名古屋ー岐阜ー高山
キハ55系

151系電車用。1960.4.2 京都

ひので 急行（修学旅行用）
1959.4.20〜1971.10.29
品川ー京都
155系

1960年8月14日のみ運転された151系による臨時「ひびき」（写真は下り）。
1960.8.14 山科ー京都

1960.8.14 京都

ひびき 特急（不定期）
1963.4.20 1往復を定期化
1959.11.21〜1964.10.1
東京ー大阪／151系・157系

80系電車用。1957.11.7 宮原

びわこ 準急（臨時）
名古屋ー大阪
80系・155系

155系電車用。1959.8.11 宮原

5904列車。80系「びわこ号」。1957.9.29 山科ー京都

上り「第1びわこ」クハ155-5。1959.7.26 石山ー草津

キハ55系4輛による705列車準急「ひだ」。
1958.3.9 上麻生-白川口

9列車特急「富士」、DF50 530〔大〕。1965.3.9 大分

富士 特急

1964.10.1〜
東京ー大分
東京ー西鹿児島（1965.10.1）
20系客車

9列車、EF60 513〔東〕。　　　　　　　1965.2.19　下関

平和 特急

1958.10.1「さちかぜ」から変更〜1960.7.20（「さくら」に変更、20系客車に置替え）
東京ー長崎
一般客車

根府川を通過する6列車「平和」。先頭は宮原機関区のEF58 89。　　1959.1.3

東京機関区EF58用。1959.1.9　東京

蒸機用。1959.8.3　鳥栖機関区

「平和」の最後尾にも行灯式マークが輝く。オハニ63 13。　　1959.1.3　根府川

客車用。1959.1.9　東京

87

房総 準急

1959.7.1〜1962.10.1
新宿ー安房鴨川（房総東線経由）
キハ55系
写真のヘッドマークは新宿ー千葉間

気動車用。1960.10.23　新宿

気動車用。1960.10.22　両国

気動車用。1960.10.22　両国

気動車用。1960.10.22　両国

気動車用。1960.10.22　両国

気動車用。1960.10.22　両国

気動車用。1957.8.11　木更津

房総（犬吠） 準急

1959.7.1〜1961.10.1（「総武」と改称）
新宿ー銚子／キハ55系／このヘッドマークは千葉ー銚子間

房総（内房） 準急

1959.7.1〜1962.10.1（「内房」と改称）／新宿ー安房鴨川（房総西線経由）／キハ55系／このマークは千葉ー安房鴨川間

房総（外房） 準急

1959.7.1〜1962.10.1（「外房」と改称）／新宿ー安房鴨川（房総東線経由）／キハ55系／このマークは千葉ー安房鴨川間

房総の休日 快速（臨時）

1955.7.1〜1958.10
新宿ー銚子・館山（房総西線経由）／キハ17系

みやぎの 急行
1959.9.22〜1961.10.1
(「陸中」と改称)
上野ー仙台（常磐線経由）
キハ55系

気動車用。1960.10.29　長町

みささ 準急
1960.10.1〜1968.10.1
大阪ー鳥取ー上井（現：倉吉）姫新線・
因美線経由／キハ55系

摩周 準急
1959.5.1〜1964.10.1
釧路ー川湯（現：川湯温泉）
キハ20系

気動車用。1959.8.23　釧路

気動車用。1960.11.12　宮原

釧網本線を行くキハ21 15単行の1506列車準急「摩周」。　　　　　　　　　　　　　　　　　　　　　　　1959.8.23　弟子屈ー美留和

みずほ 特急（不定期）

1961.10.1〜1994.12.3（1962.10.1 定期化）
東京ー熊本
東京ー熊本・大分（1963.6.1）
東京ー熊本（1964.10.1）
一般客車→20系客車（1963.6.1）

（90-91頁）EF58に代わって投入された新性能電機、EF60 500番代が牽く4列車「みずほ」。EF60 510の次位には座席車ナハフ20が続く。
1964.11.29　早川ー真鶴

1962.1.4　東京機関区

7列車「みずほ」。C 62 28。　　　　　　　　　1963.10.31　戸田

富士山を横目に東海道を上る旧客時代の8列車「みずほ」。EF58 89〔東〕。　　　　　　　　　1962.1.22

C58 230を先頭に高山本線を行く3506列車準急「やまばと」。乗客の多くが目指す下呂温泉は間もなくである。　1958.4.13　焼石―飛騨金山

気動車用。1960.10.27　盛岡

むろね　準急／1960.6.1〜1982.11.1／仙台—一関—盛（大船渡線経由）／キハ55系

気動車用。1960.10.27　盛岡

やまばと　準急（臨時）　▲C58用。1957.2.9　岐阜

1957.3.2〜1958.9.28／名古屋—岐阜—下呂
一般客車

やまびこ　準急　▲気動車用。1960.10.27　盛岡

1959.2.1〜1963.10.1／福島—盛岡
キハ55系

ゆきぐに　準急

1959.4.13〜1965.10.1
上野—長岡（上越線経由）
80系

905列車「ゆきぐに」の出発式。クハ86 115〔高タカニ〕。　1959.4.13　長岡

80系電車用。1959.4.13　長岡

客車用。1957.5.4 竹下

ゆのか　快速（臨時→1956.11定期）

1951.11〜1960.2（準急に格上げ、キハ55系に置換え）
博多ー別府（久大本線経由）／一般客車

ゆのくに　準急→1963.4 急行

（臨時→1955.7.20定期）
1952.10.1〜1965.10.1
大阪ー金沢
一般客車→471系電車

九州を横断する625列車「ゆのか」。最後尾はオハフ33 612。　1958.3.24　恵良ー引治

C57用。1954.8.29　金沢

"ゆ"の字が微妙に異なる。1954.8.29　金沢

C57 143〔金〕。　1957.8.4　金沢

95

一路北陸本線を金沢に向かう3506列車「ゆのくに」。C 57 94〔金〕。　　　　　　　　　　　　　　　　　　　　　　　　　　　　1955.7.20　松任付近

153系電車用。1960.11.12　宮原

鷲羽　準急

1950.10.1〜1980.10.1（1959.9.22「わしう」命名、1960.10.1「鷲羽」改称）／大阪－宇野／一般客車→1960.10.1より153系

福井－金沢間電化完成記念列車（504M「ゆのくに」）。
1963.4.20　金沢

▲▶岡山電化完成祝賀列車（2306T「鷲羽」）。
　　1960.10.1　岡山

急電用マーク流用の試運転マークを付けたクハ86 125〔大ミハ〕.
1956.11.4 京都駅東方

急行・準急・快速・試運転

栄光の "急電" マーク。　　　1954.5.12　宮原

1954.5.12　宮原

1956.11.4　京都

1956.11.16　米原

東海道を上る80系準急408列車。　　　1957.10.22　山科―京都

1960.11.12 宮原

気動車用。1960.10.3 高松

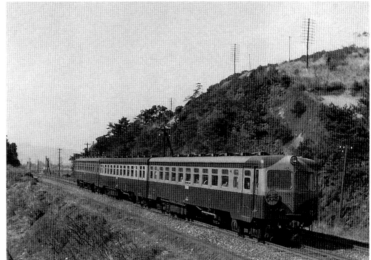

名古屋－大阪間準急「比叡」用。1960年頃

電気式気動車キハ44100・44200による鹿児島本線快速907列車。　1960.3.19 折尾－遠賀川

関門トンネルを駆け抜ける421系快速雑餉隈（現在の南福岡）行。　　　　　　　　　　　　　　　　　　　　1961.6.1 門司－下関

あとがき

　いろいろあるマークの中で一番の傑作は金沢機関区のC57が付けていた"逆さくらげ"の「ゆのくに」であると思う。また「のとつばめ」（七尾機関区）の、2羽の小さなつばめが円盤の外、右上と左下に付いたデザインも奇抜である。

　「かもめ」は梅小路、広島第二、瀬野、下関、門司港の各機関区によって「かもめ」の姿、文字、色彩などが異なっている。わずか10分の下関〜門司間でもEF10にはマークが付けられるし、瀬野〜八本松間で後押しするD52ではテンダ背面にマークが付けられることは特筆に値する。「つばめ」「はと」にも蒸気機関車用、電気機関車用それぞれデザイン、色彩が違うものが何種類かあった。これら「つばめ」「はと」「かもめ」の時代は、一番国鉄が国鉄らしい、よき国鉄の時代であったと思う。

　1989（平成元）年10月8日、京都－米原－名古屋－亀山－柘植－草津－京都と、京都発京都行、ぐるっと一周する行程の特別仕立ての列車「トレランス号」が運転された。これは京都市職員であった私が、退職記念に走らせた列車である。EF58 150のヘッドマーク、マイテ49 2のテールマークは自分でデザインして自分で製作した。昭和30年頃、客車列車の最後部に手製のマークを弟に掲げさせ、走っているところを山科で撮

1992.7.12　敦賀

影しようと考えていたことがあったが、マークを付けた「トレランス号」を見ると、昔の夢が実現し、感慨無量であった。

　この「トレランス号」は7号まで走ったが、2号を除き全部私がチャーターした特別列車である。なかでも4号はベラルーシ共和国（旧ソ連）の子供たちを招待したので「TOLERANCE 4 ДРУЖБА」（ドルーシバ：友情）号と命名しロシア語で書いた。これは国鉄、JR始まって以来、始めてキリル文字によるロシア語が入ったヘッドマーク、テールマークではないかと思う。

佐竹保雄・佐竹　晃

一路東京を目指す2列車「つばめ」。最後尾の展望車、そしてそこに輝くテールマークこそ、特急列車の象徴であった。マイテ39（大ミハソ）。
1954.11.26　山科－京都